"Si quieres ser respetado por los demás, lo mejor es respetarte a ti mismo. Solo por eso, solo por el propio respeto que te tengas inspirarás a los otros respeto"

Fiodor Dostoyevski

El lechoncito majadero

Cuento escrito por Nora Cruz Roque

Tanyerina Purum Pumpum

1980

El lechoncito majadero
Primera edición
©2015 El lechoncito majadero
Derechos reservados de la autora
ISBN-13: 978-1511953191
ISBN-10: 1511953195
Foto de portada— Nora Cruz
Producciones Tanyerina Purum Pumpum

Agradecimientos

Desde la década de los 80 cuando surgió el Lechoncito majadero, han sido muchos los que han realizado este personaje. Para no pecar de omisión pues mi memoria ya no es la misma, siéntanse todos los estudiantes (mis amados teatreros) que realizaron este personaje, eternamente bendecidos por darle vida a este personaje que he amado tanto.
Mi agradecimiento eterno.

Nora Cruz Roque
Solangedar

Mensaje a los padres y maestros:

Son muchas las heridas que cargan algunos seres humanos.
Como maestra compartí con muchos "lechoncitos" los que eran señalados como traviesos, mal educados, agresivos, torpes, etc.

Su comportamiento se debía a muchas heridas internas, a la falta de amor que sentían por parte de los demás, a la soledad en la que vivían y tal vez a los mensajes socializantes negativos que le inculcaron una falsa estima hacia ellos mismos.

Ante ello mi respuesta siempre fue. "Tú eres diferente, Papá Dios no hace porquerías, lo que pasa es que a Él le gusta la variedad." Y mi consejo siempre fue el mismo. "Respeta para que te respeten"

Hoy en este siglo 21, las cosas no han cambiado mucho y es por eso que decido escribir mis cuentos para que ustedes padres y ustedes maestros los puedan compartir con los suyos.

Nora Cruz Roque
Tanyerina Purum Pumpum

Mensaje de Tanyerina Purum pumpum a los niños del mundo

"No permitas que te mutilen"

Hola amado amiguito(a):

Quizás no podamos conocernos personalmente pero aquí te dejo un regalo. Es uno de mis cuentos que escribí para mis niños de teatro.

El mensaje de este cuento es muy hermoso. El personaje es un lechoncito que aparentemente es muy majadero (y lo llega a ser) pero cuando se da cuenta de que él es parte importante de la creación y que es un ser especial cambia, se acepta, se ama y ama a los demás.

Espero que disfrutes del cuento y lo compartas con otros más.

Tu amiga:

Tanyerina Purum Pumpum

El sol salió, la brisa se siente suave y es hora de hacer ejercicios para la Gatita Miliú. A ella le encanta estar en forma. Toma su leche y luego se va debajo del árbol de mangó para sus ejercicios matinales.

Uno y dos y tres y cuatro patitas para arriba
Uno y dos y tres y cuatro patitas para abajo
Vuelta a la cintura y al cuello también
Tobillos bien fuertes y salto de pie.

Así decía una y otra vez Gatita Miliú muy contenta con su tarea del día hasta que llegó el lechoncito Pimpín.

_ ¿Qué haces ahí gata flaca? ¡Fuera de mi árbol de mangó, este lugar es mío! ¡Gata flaca!

_ ¡Miau! ¡Miau! ¡Pero mira éste! ¿Qué te crees? Yo puedo estar aquí, estoy haciendo mis ejercicios. Voy a participar en el concurso de Miss Gatita de hoy.

_ ¡Oink¡¡Oink! ¡Oink! ¡No me hagas reír, ridícula, sal de aquí o te echo a patadas!

Y de un sopetón empujó a la pobre Gatita Miliú la que se fue muy triste.

_ ¡Se lo voy a decir a Mami Gata!, dijo la gatita tristemente.

_ Dígaselo a quien quiera ¡Oink! ¡Oink!

Pasó un día y allí se encontraba Don Conejo saboreando su rica zanahoria. No habían pasado muchos minutos cuando de pronto se apareció Lechoncito Pimpín.

_ ¿Qué tú haces aquí? ¡Dame esa zanahoria! ¡Es mía!

_Pero mira éste, ¿Quién se cree que es? Esta zanahoria es mía y no te la vas a comer. Los conejos nos alimentamos de zanahorias y otros alimentos nutritivos.

_ ¡Te dije que me des la zanahoria conejo dientú!, Volvió a molestar el lechoncito Pimpín.

_ ¡Pero mira éste! ¿Quién se cree que es?, seguía preguntándose Don Conejo

No bien había terminado de hablar cuando lechoncito Pimpín le dio tremenda patada y el pobre Don Conejo fue a caer lejos y sin su zanahoria la que lechoncito Pimpín se comió rápidamente.

Era el sábado en la mañana y Doña Gallina salió a dar un paseo con sus pollitos. La noche anterior había caído un fuerte aguacero así que había muchos gusanitos para comer.

_ ¡Popropopro! ¡Vengan, vengan pollitos míos hay muchos gusanitos!

Escarba que escarba, así estaba Doña Gallina. Los pollitos se sentían muy contentos con tan rico festín.

¡Pío! ¡Pío! ¡Pío! aquí encontré uno.

¡Pío! ¡Pío! ¡Pío! aquí encontré otro. Decían los pollitos alegremente.

¡Popropopro! Pues coman y jueguen. El día está precioso. ¡Popropopro!

_ ¡Pero qué diantres hacen aquí! ¡Cállense! Esos chillidos me ponen de mal humor. ¡Callen, salgan de aquí!

_ ¡Popropopro! ¡Popropopro! Con mis pollitos no te metas. Ya he visto como maltratas a los animalitos indefensos pero conmigo no.

Dona Gallina levantó su pata y arremetió contra el lechoncito Pimpín.

_Mira gallina con moquillo, a mí no me incas con tu pico, dijo el lechoncito Pimpín.

Volvió Doña Gallina y le agredió duro con su pico, pero ya el lechoncito Pimpín estaba preparado y le dio tremendo cabezazo que la pobre Doña Gallina calló con las patas para arriba.

¡Pío! ¡Pío! ¡Pío! ¡Lechoncito abusador y malo! , piaban los pollitos.

_ ¡Popropopro! Popropopro! Vámonos pollitos míos, dijo Doña Gallina toda adolorida. Ya tú verás, con ésta no te vas a quedar, tú no puedes tratarnos así.

_ ¡Oink! ¡Oink! ¡Los trato como me da la gana! ¡Oink! ¡ Oink!

Podre Doña Gallina, Pobre Gatita Miliú, pobre Don Conejo.

¿Qué le sucede al lechoncito Pimpín? ¿Por qué se porta tan mal? ¿Por qué les dice cosas tan feas a sus amiguitos de la finca?

¡Algo le tiene que suceder!

El domingo en la tarde salió El Perrito Moti con su Perrita Motita. Hacía mucho calor en la casita que tenían en la finca y decidieron llegar hasta el río para darse un chapuzón y disfrutar del fresco de la tarde.

¿Me quieres? ¡Jau! ¡Jau! ¡Jau!
¡Te quiero! ¡Jup! ¡Jup! ¡Jup!
¿Me amas? ¡Jau! ¡Jau! ¡Jau!
¡Te amo! ¡Jup! ¡Jup! ¡Jup!

¡Oink! ¡Oink! ¡Oink! Nos salvamos ahora… que si te amo… que si te quiero… que si cuchi cuchi… ¡Odio los que se aman! ¡Oink! ¡Oink! ¡Salgan de aquí! Este es mi espacio, aquí vengo a tomar el sol y a disfrutar de un rico baño en el río. ¡Así que fueraaa! ¡Fuereraaa!

_ Mira Lechoncito Pimpín tranquilízate, yo sé karate.

_ ¡Oink! ¡Oink! Y yo sé kung fu.

Y tal y como lo señalaron ambos se fueron a pelea. La perrita Motita ladraba y ladraba, el Lechoncito Pimpín golpeó fuertemente al Perrito Moti y éste chocó con una de las rocas quedando medio aturdido.

_ ¡Auxilio! ¡Auxilio! ¡Que alguien venga en nuestra ayuda!
¡El Lechoncito Pimpín golpeó a mi Perrito Moti! ¡Vengan en mi ayuda!

Dona Gallina corrió y al ver al pobre Perrito Moti gritó:
_ ¡Popropopro! ¡Popropopro! Esto no puede seguir así, el Lechoncito Pimpín es un majadero.

La gatita muy enfada añadió, ¡Es un abusador!

El conejito les dijo, ¡Y se comió mi zanahoria!

Y el Perrito Moti todo adolorido contestó, ¡Vamos a darle una lección!

Al pronto los animalitos planificaron hacer una fiesta en donde estarían todos ellos. Estaban muy seguros que el Lechoncito Pimpín llegaría a molestar.

La fiesta preparada, todos cantando y bailando y de pronto…

_ ¡Oink! ¡Oink! ¡Oink! ¿Qué miran? ¿Se creían que no iba a llegar? No me invitaron pero no me importa. Esta fiesta se acabó.

Todos se reían.

_ ¿Con que te gusta molestar? preguntó la Gatita Miliú.

_ ¡Sí me gusta! le contestó el Lechoncito Pimpín.

_ ¡Ah! te gusta golpear, señaló Don Conejo.

_ ¡Sí me gusta! contestó el Lechoncito Pimpín.

_ ¡Pues una paliza te vamos a dar!, a coro todos gritaron.
    Y de inmediato todos le arremetieron contra el Lechoncito Pimpín, quien esta vez no podía defenderse.

_ ¡Perdón! ¡Perdón! , gritó el lechoncito.

_ No se oye nada, dijeron los animalitos.

_ ¡Perdón! ¡Perdón! , volvió a gritar el lechoncito.

_ ¿Qué dijiste? ¡Habla más duro!

_ Dije perdón…ya sé…ustedes no me quieren… nadie me quiere… como yo soy tan feo, con voz entrecortada se expresó El lechoncito Pimpín y se fue a una esquina mientras todos se miraban unos a otros.

La primera en decir algo fue Dona Gallina.

_ Lechoncito Pimpín, estás equivocado, tú no eres feo. Tú eres diferente. Imagínate si todos tuviéramos pumitas como yo… ¡Que aburrido sería todo!

_Así es lechoncito Pimpín, tú no eres feo, nadie es feo, somos diferentes porque a Nuestro Creador el gusta la variedad. Imagínate… si todos tuvieran el rabo largo como el mío… ¡Qué aburrido sería todo!

_ ¡Sí! ¿Te imaginas, todos llenos de manchitas como nosotros?, le dijo el perrito Mota ¡Qué aburrido seria todo!

Don Conejo dijo: Si todos tuvieran las orejas largas como las mías… ¡Qué aburrido sería todo!

_ ¿Te das cuenta Lechoncito Pimpín? No eres feo… eres diferente y nosotros te queremos, pero tienes que dejarte querer y debes respetar para que te respeten, concluyó Doña Gallina.

El Lechoncito Pimpín por primera vez sonrío y entendió que él era importante y especial. Pidió perdón a cada uno de sus amiguitos quienes lo invitaron a su fiesta.

Desde ese día el Lechoncito Pimpín se convirtió en el lechoncito más amigable de la finca. Y todos fueron felices por siempre.

Y colorín colorado este cuento se ha acabado.

¿Quién es Tanyerina Purum Pumpum?

El concepto literario de Tanyerina Purum Pum pum toma forma para la década de los 90 cuando conocí a Mónico Bata , director de Atelana teatro , proyecto de autogestión teatral en el uso de marionetas y narración de cuentos de Barquisimeto, Región de Lara en Venezuela.

Anteriormente trabajaba mis cuentos y obras de teatro infantil con mis estudiantes a los que he llamado los teatreros. No somos payasos pero hacemos reír con nuestros cuentos y presentaciones.

Siempre he amado las muñecas de trapo. Es el recuerdo más hermoso que tengo de mi madre Antonia Roque quien todos los años para la época de Navidad me confeccionaba una hermosa muñeca de trapo.

Decido crear a Tanyerina, una cuenta cuentos, una muñeca de trapo vestida de color anaranjado, un color lleno de energía. Mis estudiantes se convierten en los "Teatreros de Tanyerina"" y dramatizan mis cuentos de diversas formas teatrales; marionetas, dramatizaciones musicales y grabadas, teatro infantil, en fin de todo lo permitido.

Con mis teatreros he montado varias obras, todas ellas presentadas en teatros escolares, en actividades varias y también por cerca de diez en la República Dominicana dentro del marco del festival de teatro de Azua de Compostela donde implantamos el teatro infantil.

Tanyerina está entrada en edad y ya no tiene la misma energía pero tiene el mismo deseo de llevar mensajes positivos a los niños de todo el mundo. Por eso publica su trabajo con el que espera dejar su legado de literatura infantil.

RESEÑA DE NORA CRUZ ROQUE
(SOLANGEDAR)

Nace en Guayama el 19 de febrero del 1947. Durante cerca de cuarenta años ha consagrado su vida a la educación de niños y jóvenes de la sala de clases y en la formación de grupos en las artes teatrales, los bailes folclóricos y la declamación de poemas negristas.

En el Distrito escolar de Guayama es recordada por sus estudiantes que recorrieron muchos lugares con los proyectos que ella dirigía. En la escuela Amalia Marín fundó la "Rondallita de Sol" y "Los Titiriteros", grupos que hicieron labor comunitaria y cultural en su pueblo para la década de los 70 y 80. Llevó sus talleres de teatro al Hogar Crea de Adolescentes, al Centro Sor Isolina Ferré del Puerto de Jobos y a casi todos los colegios privados del pueblo de Guayama. Como profesora de Teatro fue contratada por la Pontificia Universidad Católica recinto de Guayama y con su taller de teatro llevó mensajes impactantes al estudiantado universitario. (Temas del amor libre, el sida, el homosexualismo entre otros).En la escuela Elemental Luis Palés Matos elaboró y puso en marcha su proyecto "Desarrollando Valores a través del Teatro y los Bailes Folclóricos" proyecto que la llevó a obtener el premio de Maestra de Excelencia del Distrito Escolar de Guayama. Sus últimos 4 años en el sistema público los trabajó en la Escuela de Excelencia Francisco García Boyrié donde con sus grupos de teatro y baile representaron al distrito escolar a toda su capacidad. Es ahí donde funda el Ballet Folclórico Teatral Guayama quien por décadas a representó dignamente a Guayama y Puerto Rico con sus trabajos de teatro y baile en y fuera de Puerto Rico.

Con su personaje Tanyerina Purum Pumpum y sus Teatreros, ha presentado sus piezas de literatura infantil en decenas de actividades escolares dentro y fuera de Puerto Rico. Algunas de ellas son:

"El lechoncito majadero"

"Lilí, la muñeca de trapo"

"Una aventura en el Yunque"

"La venganza"

"Parodia de cuentos"

"Marimar la olita aventurera"

"El lechoncito majadero" es la segunda publicación de literatura infantil que publica como legado a todos los niños del mundo."

La preparación dela publicación del cuento "El lechoncito majadero" finalizó el martes 28 de abril del 2015

Nota interesante

Algunos de los teatreros que actuaron el personaje del lechoncito majadero

Joshua González - estudiante del St. Patrick's Bilingual School

Félix Figueroa – estudiante de la Escuela Francisco García Boyrié

Wilfredo Figueroa - estudiante de la Escuela Francisco García Boyrié

Guillermo Mojica- estudiante de la Escuela Francisco García Boyrié

María Amaro - estudiante de la Escuela Francisco García Boyrié

Charles Marzant - estudiante de la Escuela Francisco García Boyrié

Joseph Dorico – estudiante de tercer grado de la escuela del Poblado Coquí de Salinas

Made in the USA
Columbia, SC
18 October 2024

44645405R00020